LA QUESTION

DES FRONTIÈRES

DU SIAM ET DU CAMBODGE

PAR

LE CAPITAINE IBOS

DE L'INFANTERIE COLONIALE

AVEC 3 GRAVURES DANS LE TEXTE

(Extrait de la *Revue des Troupes coloniales*.)

PARIS

HENRI CHARLES-LAVAUZELLE

Éditeur militaire

10, Rue Danton, Boulevard Saint-Germain, 118

(MÊME MAISON A LIMOGES)

LA QUESTION

DES FRONTIÈRES

DU SIAM ET DU CAMBODGE

LA QUESTION

DES FRONTIÈRES

DU SIAM ET DU CAMBODGE

PAR

LE CAPITAINE IBOS

DE L'INFANTERIE COLONIALE

(Extrait de la *Revue des Troupes coloniales.*)

PARIS

HENRI CHARLES-LAVAUZELLE

Éditeur militaire

10, Rue Danton, Boulevard Saint-Germain, 118

(MÊME MAISON A LIMOGES)

LA QUESTION

DES FRONTIÈRES

DU SIAM ET DU CAMBODGE

I

L'orientation de la politique siamoise. — L'expansion siamoise vers l'est et les revendications cambodgiennes. — Conséquences du protectorat français sur le Cambodge.

Lorsque Norodom, roi du Cambodge, pressé par les circonstances, accepta la tutelle de la France, il avait l'espoir de racheter la perte de son indépendance par la reconstitution complète, grâce à notre appui, de l'empire khmer. A la faveur des guerres civiles qui désolaient le Cambodge, vers la fin du XVIIIe siècle, les Siamois avaient, en effet, occupé dès 1795 les gouvernements de Battambang et d'Angkor (Siem-Reap) ; les souverains cambodgiens, trop faibles, n'avaient pu, depuis, recouvrer ces provinces, mais aucun traité n'avait ratifié cette spoliation. Plus tard, vers 1840, profitant de nouvelles rébellions et de l'invasion annamite, les Siamois continuèrent leur expansion vers l'Est ; leurs postes couvrirent peu à peu les provinces de Chongkhan, Melouprey, Tonlé-Repou, mais l'annexion totale ne fut terminée que pendant les premières insurrections de Si-Wotha, c'està-dire postérieurement à l'établissement officiel de notre influence à Pnom-Penh.

En 1867, lors de la signature du traité de Bangkok, où le gouvernement siamois reconnut le protectorat de la France sur le Cambodge, la remise au roi Norodom des provinces indûment occupées ne fut pas stipulée. Il en résulta que, dans les conférences qui eurent lieu en 1868, la frontière fut fixée sans trop de difficultés entre la mer et le Tonlé-Sap, mais que l'entente ne put se faire au sujet du tracé entre le lac et le Mékong. Les commissaires siamois, qui avaient obtenu la cession de la province de Battambang, voulurent aussi conserver, outre celle de Siem-Reap (Angkor), les provinces de Congkhan, Melouprey, Tonlé-Repou, dont l'occupation illégale n'était pas même achevée.

Ces prétentions étaient exagérées; elles causèrent le départ des commissaires français. La frontière ne fut donc pas délimitée au nord du Tonlé-Sap et les Siamois se crurent en droit de conserver les provinces en litige.

Le traité de Bangkok, terminant la courte campagne de 1893, ne fit, pas plus que le précédent traité, mention des provinces de Battambang et de Siem Reap, ni de celles au sud des Dong-Reck, occupées par les Siamois pendant les rébellions qu'ils avaient favorisées au Cambodge.

Il était bien stipulé, dans le traité de 1893, que le gouvernement siamois n'entretiendrait aucune force militaire dans une zone de 25 kilomètres de largeur bordée par le Mékong et dans les provinces de Battambang et de Siem-Reap, que les fortifications des provinces et de la zone seraient rasées, que la police y serait faite par les autorités locales et que le gouvernement français pourrait placer des consuls dans l'intérieur du Siam (à Korat et Muang-Nan, notamment); mais le gouvernement siamois ne tint, en réalité, aucun compte de ces diverses obligations et, à la suite de l'arrangement franco-anglais de 1896, il sembla même prendre plaisir à multiplier les causes d'intervention.

Le traité de Bangkok, quoique nous donnant de sérieux avantages territoriaux, n'avait pas semblé aux personnalités coloniales françaises être la consécration définitive de notre expansion en Indo-Chine. Le gouvernement siamois, d'autre part, comprit que ce traité de paix n'était qu'un armistice, que son puissant voisin, mis en appétit par l'annexion de la rive gauche du Mékong, chercherait à occuper, à la première occasion favorable, la vallée du Mé-Nam tout entière; il s'efforça donc, par des combinaisons diplomatiques, de sauvegarder, dès 1893, l'indépendance des pays conquis par la race thaï. Le gouvernement anglais, enfin, qui avait à Bangkok des intérêts économiques et politiques considérables, dont toutes les manœuvres avaient eu pour but de « bloquer la France à l'est du Mékong, de prendre le roi de Siam par la main et de le conduire dans la grande famille indo-anglaise », résolut de contrecarrer nos idées d'expansion, de les limiter tout au moins, afin de réserver comme un champ d'action commun aux puissances européennes la partie la plus riche du royaume de Siam.

Ainsi, tandis que nos journalistes, nos conférenciers, montraient sans cesse Bangkok comme le but à atteindre, la diplomatie anglaise agissait de façon à nous en interdire l'accès. Le gouvernement siamois, dans sa recherche d'alliances intéressées, ne pouvait donc mieux s'adresser qu'à Londres. Les effets de cette entente se firent sentir dans la convention franco-anglaise de janvier 1896 (1).

Cet arrangement nous interdit, en effet, pratiquement toute action militaire ayant Bangkok pour objectif; la sanction des mesures coercitives que les circonstances

---

(1) Voir « Les Droits de la France au Siam », par le lieutenant Ibos, *Revue de géographie* (années 1899 et 1900), et *Revue indochinoise* (1899-1900).

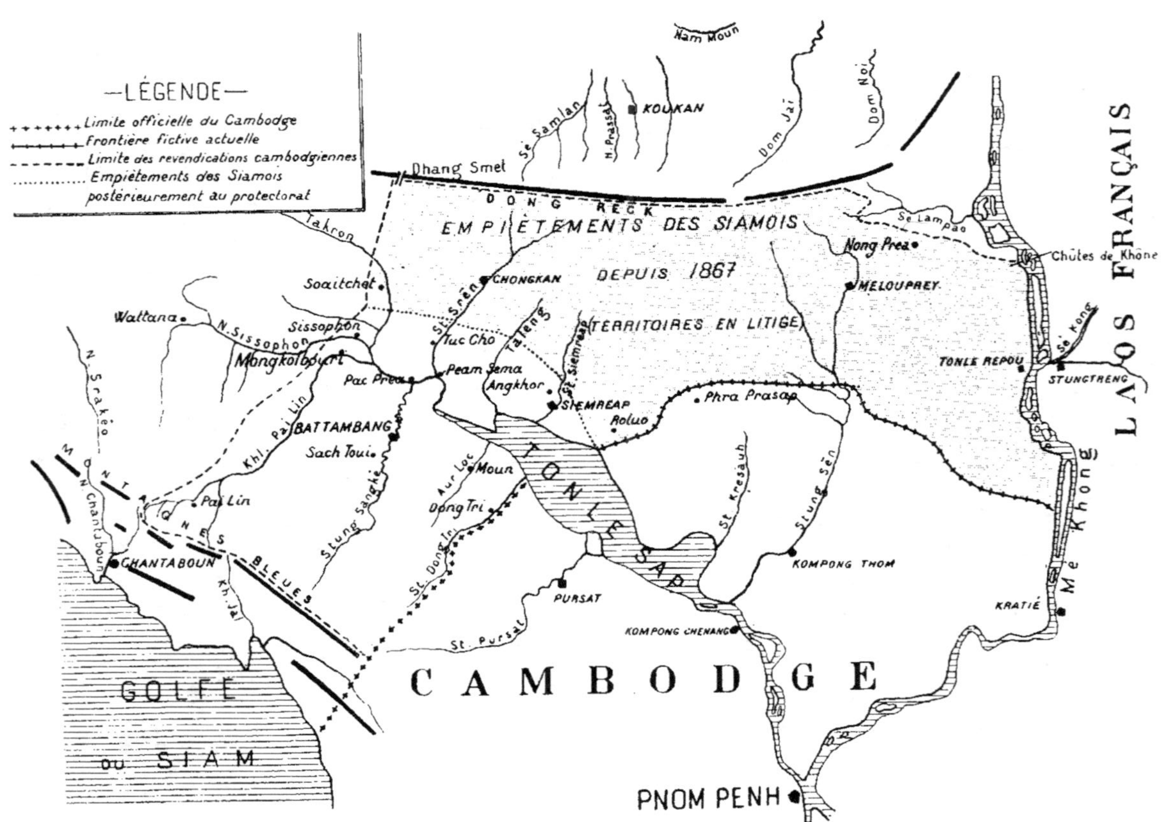
—LÉGENDE—
Limite officielle du Cambodge
Frontière fictive actuelle
Limite des revendications cambodgiennes
Empiétements des Siamois
postérieurement au protectorat
LAOS FRANÇAIS
Nam Moun
KOUKAN
Dom Jai
Dom Noi
Se Samlan
H. Prassat
Dhang Smet
DONG RECK
Takron
EMPIÉTEMENTS DES SIAMOIS
Se Lampao
Nong Prea
Chûtes de Khône
DEPUIS 1867
Soaitchet
CHONGKAN
MÉLOUPREY
Wattana
N. Sissophon
Sissophon
TERRITOIRES EN LITIGE
St. S. Sen
Tuc Cho
Tatens
TONLE REPOU
Se Kong
Mongkolbourt
St. Siemreap
STUNGTRENG
Pac Prea
Peam Sema
Angkhor
SIEMREAP
Phra Prasap
N. Srakèo
Khl. Pai Lin
BATTAMBANG
Roluo
Sach Toui
Aur Loc
Moun
St. Kresauh
Stung Sen
M O N T A G N E S
N. Chantaboun
Pai Lin
Stung Sangke
Dong Tri
T O N L E S A P
KOMPONG THOM
B L E U E S
Kh. Jai
St. Dong Tri
KRATIÉ
CHANTABOUN
PURSAT
Me Khong
St. Pursat
KOMPONG CHENANG
G O L F E
C A M B O D G E
ou S I A M
PNOM PENH

pourraient nous obliger à employer se trouve limitée à la chaîne de partage des eaux des bassins du Mé-Nam et du Mékong. Nous avons donc la faculté d'annexer la partie la moins peuplée et peut-être la moins riche, dans son ensemble du Siam, partie que nous appelons la « zone d'influence française » et qui n'a qu'une faible valeur économique. Toutefois, l'ouverture du chemin de fer Bangkok - Korat, la création de nombreuses lignes télégraphiques et téléphoniques, la présence de garnisons relativement nombreuses et de vice-rois actifs et intelligents, montrent que le gouvernement siamois ne se laisserait pas déposséder, sans protester, de ces vastes territoires.

Les clefs de la zone d'influence sont à Korat pour la partie située au nord des Dong-Reck, à Sissophon pour le bassin du Tonlé-Sap. Une marche sur Korat serait une entreprise sérieuse, de longue haleine, il est vrai, mais dont les aléas et les frais probables ont été exagérés; ils paraissent néanmoins avoir influencé jusqu'à présent notre politique au Siam, en nous imposant une grande prudence, malgré l'attitude presque provocante de nos voisins. Sissophon, au contraire, est un but immédiat, pouvant être atteint sans difficultés, nous rendant maîtres, presque sans coup férir, de vastes territoires en litige et des provinces de Battambang et de Siem-Reap, dont la possession a pour nous une grande importance. C'est dans ces régions, en effet, que la lutte d'influence est la plus vive, que le gouvernemnet siamois multiplie les vexations maladroites; c'est là que sont les principaux centres d'affaires du bassin de Tonlé-Sap; c'est enfin là que nous devons exercer avec ses charges, mais aussi ses avantages, notre rôle de protection sur le Cambodge (1).

---

(1) Voir, pour la description du pays, les ouvrages de Mouhot, Question du Siam.

En janvier 1899, M. Doumer, alors gouverneur général de l'Indo-Chine, essaya, pendant un voyage à Bangkok, d'établir les relations de la France et du Siam d'après un *modus vivendi* plus conforme à notre prestige et surtout à nos intérêts; mais son action isolée n'eut aucun résultat. Le roi Chulahlong-Korn, qui semble-t-il, avait accueilli avec faveur les propositions de M. Doumer, ne put donner suite à ses bonnes dispositions à notre égard. Il ne fut bientôt plus question de la reconstitution complète du royaume de Luang-Prabang, en échange de l'évacuation de Chantaboun, ni de l'admission des Français dans les fonctions publiques aux mêmes conditions que les Anglais, les Allemands, les Belges ou les Danois. Les rapports de voisinage, d'abord cordiaux, puis simplement courtois, devinrent très difficiles. Sur les bords du Mékong, des forces de police siamoises pénétrèrent à plusieurs reprises en territoire français, des commerçants annamites furent molestés; le Siam porta l'effort de sa politique agressive dans les provinces de Battambang et de Siem-Reap, dont il appréciait l'importance politique, où le prince Yukantor, dont on n'a pas oublié la bruyante équipée, a de nombreux amis et partisans. Les derniers incidents dont cette région a été le théâtre semblent être l'origine d'une phase nouvelle qui pourrait nécessiter une intervention militaire, ne pouvant amener d'ailleurs aucune complication diplomatique en Europe, en raison de l'arrangement franco-anglais de 1896.

Aymonier, Delaporte, Garnier, Pavie, les rapports de de Coulgeans, etc., et la carte de l'Indo-Chine de la mission Pavie.

II

Les incidents de 1899 et de 1900. — Constitution d'une commission mixte de délimitation. — Procédés diplomatiques siamois.
— La création d'un consulat français à Battambang. — Disso-
lution de la commission mixte et conséquence des négociations.

En décembre 1899, une troupe armée, commandée par
trois fonctionnaires siamois venant de Koukan, préten-
dit percevoir l'impôt dans des villages situés sur le territoire de la province de Kompong-Thom. Un détachement
de milice cambodgienne, envoyé en reconnaissance, sur-
prit les Siamois dans leurs opérations, les captura et
saisit leurs armes et leurs papiers. Le prince Dewan,
ministre des affaires étrangères à Bangkok, pour préve-
nir toute réclamation diplomatique, se hâta de porter
plainte à la légation de France, accusant les autorités
cambodgiennes de violation de territoire et d'arrestation
illégale de fonctionnaires siamois. En même temps, le
chef du district de Koukan, agissant vraisemblablement
d'après les instructions du commissaire royal d'Oubon,
annonça son intention d'envoyer en territoire cambodgien de nouveaux collecteurs en armes et de châtier les
villages de la frontière. Pour rassurer les populations, le
résident de Kompong-Thom, se conformant aux ordres
du résident supérieur de Pnom-Penh, fit établir à Phra-
Prasap un poste de garde indigène ayant pour but la sur-
veillance de la région et la protection des localités cambodgiennes contre les exactions des Siamois.

Le prince Dewan protesta de nouveau, et, s'inspirant
de l'enquête faite par son collègue de l'intérieur, prince
Damrong, il remit, le 16 juillet 1901, une note à la léga-

tion de France, appelant l'attention de notre Ministre sur « un nouvel empiètement en territoire siamois, effectué par un officier français et 25 hommes armés (1). Enfin, résumant tous ses prétendus griefs, et comme preuve des dispositions amicales de son gouvernement, le prince Dewan demanda :

1° La nomination d'une commission mixte pour la délimitation de la frontière entre les provinces de Koukan et de Kompong-Thom ;

2° L'arrêt des travaux du poste de Phra-Prasap, jusqu'à ce que la commission franco-siamoise ait terminé sa mission.

Le nouveau ministre de France à Bangkok, M. Klobukowski, semblait disposé à donner à notre politique une énergique impulsion. Son premier soin fut de négocier la création d'un consulat français à Battambang (2), et la nomination à ce poste de M. de Coulgeans, consul à Korat, un des compagnons de M. Pavie, qui avait maintes fois donné des preuves d'habileté, de tact et d'énergie. Cette démarche avait pour but de montrer au Siam notre renonciation définitive aux provinces de Battambang et d'Angkor, consacrées siamoises par les traités précédents, et de faciliter nos revendications sur les territoires cambodgiens jusqu'aux Dong-Reck. En même temps, M. Klobukoswski transmettait à M. Doumer la note du gouvernement siamois et demandait la désignation de commissaire français pour la constitution de la commission mixte.

Après de longues tergiversations, le prince Dewan accepta la création d'un consulat français à Battambang, où nos intérêts n'avaient été jusqu'alors défendus que par un « commissaire du gouvernement » aux attri-

---

(1) Rapport du résident supérieur du Cambodge (26 septembre 1901).

(2) Le consulat d'Oubon fut créé en même temps.

butions mal définies et qui, malgré sa bonne volonté, n'avait obtenu que des résultats négatifs (1). M. de Coulgeans, pendant son passage à Bangkok, eut l'assurance formelle que toutes les difficultés relatives à son installation, telles que l'achat d'un terrain pour le consulat, le recrutement de la main-d'œuvre, etc..., seraient résolues à son arrivée, et se mit en route pour son nouveau poste. En même temps, M. Doumer constituait, le 21 octobre 1901, la commission française de la façon suivante :

M. de Coulgeans, président; le capitaine Ibos, et un mandarin cambodgien, membres : M. Ténot, secrétaire. Un interprète et une escorte de 30 miliciens du Cambodge étaient adjoints à la commission que la canonnière *la Baïonnette* transportait à Battambang, où elle devait se mettre en relations avec la commission siamoise composée de trois fonctionnaires dont deux parlant le français. M. Klobukowski allait en personne installer la commission. M. de Coulgeans, d'ailleurs, la précédait, afin de se mettre en relations avec les autorités locales et de préparer l'arrivée du ministre de France et des commissaires français. Mais l'ère des difficultés commençait et allait démontrer la duplicité des fonctionnaires siamois.

Les vexations les plus criantes attendaient en effet M. de Coulgeans, arrivé à Battambang le 13 octobre, et qui ne fut pas reçu par les autorités de la province. Le gouverneur, pya kathatorn, fit répondre une première fois qu'il était sorti. Notre consul, fort au courant des usages, aidé par sa parfaite connaissance de la langue cambodgienne, parvint le lendemain à forcer la consigne. Le gouverneur se montra fort aimable, mais déclara qu'il ignorait la situation politique de M. de Coulgeans,

____

(1) Pendant un congé de plusieurs mois qu'il passait en France, le commissaire du gouvernement français avait confié l'intérim du commissariat à un négociant allemand.

qu'il n'avait pas reçu d'ordres du Ministre de l'intérieur pour l'installation d'un consulat et qu'il fallait en référer au commissaire siamois, son supérieur hiérarchique. Les dignitaires de la province, balat, chaufea, etc., imitèrent en l'exagérant la réserve de leur chef et furent invisibles.

M. de Coulgeans, accoutumé aux procédés dilatoires de nos voisins, ne se montra pas surpris des affirmations du pya kathatorn, malgré l'étrangeté de sa réponse qui faisait intervenir un commissaire siamois dans la question du consulat de Battambang. La diplomatie du Siam, comme celle de tous les pays d'Extrême-Orient, est coutumière de ces volte-face. Donner d'une main et retirer de l'autre, feindre les malentendus et les quiproquos, embrouiller les questions les plus simples pour, finalement, revenir au point de départ et gagner du temps, tels sont les procédés familiers aux diplomates siamois. Gagner du temps est beaucoup en affaires internationales, et c'est un des plus puissants moyens d'action des Extrême-Orientaux. Quoi qu'il en soit, M. de Coulgeans résolut de ne pas brusquer les événements avant la prochaine arrivée de M. Klobukowski et de la commission française à Battambang, mais de se rendre auprès du commissaire siamois et de prendre son gouvernement en flagrant délit de duplicité.

Le commissaire ou kha luan pour le bassin du Tonlé-Sap était un général du titre de pya-sakada. Depuis le traité de 1893, qui interdit au Siam l'entretien de troupes dans les provinces de Battambang et de Siem-Reap (Angkor), il résidait à Sissophon, petite localité très bien située à 60 kilomètres environ au nord de Battambang, sur la Nam-Sissophon, qui finit dans le Stung-Sangké (rivière de Battambang) à Pac-Prea. Notre consul avisa le pya sakada de sa prochaine visite et, le 16 octobre, il arrivait à Sissophon. Le commissaire siamois était absent depuis la veille et son entourage ignorait l'époque de son retour. M. de Coulgeans revint donc à Battambang et ne fut pas surpris d'apprendre que le gouverneur cambodgien était lui aussi parti à la chasse aux éléphants pour une durée indéterminée. Il rendit compte alors de l'impossibilité où il se trouvait de traiter l'établissement du nouveau consulat par suite de l'absence des autorités locales et de la mauvaise foi du gouvernement.

Il était dans une situation assez précaire. Des rumeurs peu rassurantes circulaient dans la population. L'on n'ignorait pas, à Battambang, le motif de la présence de M. de Coulgeans; la question du terrain réclamé passionnait les esprits; le pya kathatorn, en quittant la ville, avait assuré qu'il n'y reviendrait que pour chasser les Français, des ordres étaient donnés pour priver le consul de personnel et de vivres, et pour la mise en quarantaine des négociants français. Le kha luân de Sissophon venait enfin, le 20, résider à Battambang, et exerçait un contrôle direct sur l'administration de la province (1), malgré les clauses du traité de Bangkok. Il sembla ignorer la présence de M. de Coulgeans dans la ville et sa visite à Sissophon, et ce dédain pour notre représentant fut vivement commenté.

M. Klobukowski et la commission française arrivèrent dans la journée du 26 octobre. La canonnière, ne pouvant remonter jusqu'à Battambang par suite de l'étroitesse et de la sinuosité du chenal, s'était arrêtée à Pac-Prea; mais les 30 miliciens d'escorte débarquèrent en armes et en uniforme, au grand ahurissement du pya sakada, qui était venu avec son état-major saluer le ministre de France.

M. Klobukowski lui déclara qu'il voulait bien le re-

____

(1) Au même moment, un commissaire royal du rang de colonel était envoyé à Siem-Reap, pour y prendre la direction effective de la province.

Pagode birmane à Pai Lin
(prov. de Battambang)

cevoir à titre personnel, mais non comme général siamois, commissaire du gouvernement à Battambang, où
sa présence était une violation flagrante des traités. Il
refusa de se rendre au confortable logement qui était
préparé pour lui et déclina l'invitation de visiter les rui-
nes d'Angkor; il protesta contre la conduite inqualifia-
ble du gouverneur de Battambang et du pya-sakada lui-
même envers notre consul. Le commissaire siamois ne
put donner que de vagues explications. Il assura ignorer
la création d'un consulat français à Battambang, la constitution d'une commission mixte pour la délimitation
des provinces en litige et affirma résider à Battambang
par suite d'un ordre exprès de son gouvernement.

Quelques jours auparavant, l'on avait arrêté dans le
Laos français un émissaire siamois conduisant 8.000
cartouches aux Khas révoltés des montagnes d'Annam.
Cet appui donné à des rebelles, la présence d'un général
siamois à Battambang, la mauvaise fois du prince Dewan
dans l'affaire du consulat et de la constitution d'une
commission mixte semblèrent à M. Klobukowski des
motifs suffisants pour autoriser un essai de fermeté. Il
prescrivit au commandant de la canonnière de rester à
l'ancre à Pac-Prea jusqu'à nouvel ordre, et mit M. Doumer au courant de la situation, pour que le gouverneur
général de l'Indo-Chine pût prendre à temps les mesures
nécessaires s'il en était besoin; il avisa le prince Dewan
que M. de Coulgeans serait, jusqu'au règlement définitif
de la situation, commissaire du gouvernement français à
Battambang, chargé de surveiller l'exécution intégrale
du traité de 1893, et télégraphia au ministre des affaires
étrangères l'exposé des faits et son sentiment sur l'oppor-
tunité d'une action énergique. Enfin, il compléta ses instructions à la commission française qui devait, dans
l'hypothèse d'opérations de délimitation, tout en soute-
nant nos droits, « laisser toujours la porte ouverte aux

négociations ». Il importait en effet de ne pas rompre les pourparlers par une démarche que le gouvernement français pouvait ne pas ratifier et dont l'échec aurait eu, par conséquent, les résultats les plus fâcheux pour notre influence. Cela fait, M. Klobukowski quitta Battambang, le 27 octobre, pour se rendre à Bangkok, afin de suivre de près les événements.

Le moment était bien choisi pour liquider la situation difficile créée par le traité de 1893. Le gouvernement siamois semblait, comme on vient de le voir, fournir à plaisir des prétextes d'intervention. A Battambang, des indigènes cambodgiens et annamites, soupçonnés de sympathiser avec les Français, étaient emprisonnés et mis aux fers. Des achats de matières premières pour la construction du consulat, faits par les négociants français, étaient confisqués avant livraison, par ordre du pya katathorn; les chrétientés de Sach-Pouï, Battambang et Tuc-Cho étaient menacées. La partie la plus nombreuse de la population de la ville et de la province, dont les sympathies allaient vers Pnom-Penh, plutôt que vers Bangkok, était terrorisée par une centaine de gens sans aveu, dont le gouverneur avait fait une sorte de garde du corps et qui devaient être le noyau d'une force irrégulière destinée à repousser l'invasion des Français. Le gouverneur lui-même qui, jusqu'à l'installation du pya sakada à Battambang, se considérait avec raison comme un petit souverain presque indépendant, oubliait sa parenté avec une des femmes du roi Norodom pour ne songer qu'au changement dans sa situation politique, causé par les événements qu'il prévoyait (1). D'après ses conseils, le pya sakada

____

(1) Adjudicataire direct ou indirect de toutes les fermes de la province, et jouit, de ce chef seulement, d'un revenu de 125.000 francs environ. Sa puissance était telle que, sommé par le roi de Siam de se rendre à Bangkok pour se justifier de certains faits,

faisait venir à Battambang des soldats déguisés, qui re-
cevaient leur armement dans la citadelle, où ils se te-
naient cachés. Des préparatifs de défense étaient même
faits, suivant la rumeur publique, dans l'intérieur de
la citadelle, vaste fortification démodée et peu redouta-
ble, mais dont nous avions le droit d'exiger la démoli-
tion.

Cependant, la commission française et son escorte
s'installaient tant bien que mal dans le bâtiment de
l'ancien commissariat. M. Doumer lui expédiait une
vedette armée de la marine pour lui assurer, en cas d'in-
cident, des communications rapides et sûres. D'après ses
ordres, l'on prenait en Cochinchine des dispositions pour
la mobilisation d'une partie de la brigade d'occupation,
et le gouverneur général se prépara à châtier les Siamois de leurs outrecuidants procédés et à assurer à la
France la reconnaissance des Cambodgiens par la reconstitution complète de la nationalité khmère.

Mais le gouvernement français n'estima pas le moment venu d'une action au Siam, même limitée à l'occupation des provinces de Battambang, Siem-Reap et
des districts en litige au sud des Dong-Reck. Dès le
25 octobre, en effet, le prince Dewan, feignant d'attribuer à la commission française des intentions agressives,
avait prescrit au ministre de Siam à Paris, le prince
Wadhana, de protester auprès de M. Delcassé contre la
présence de la canonnière *Baïonnette* dans les eaux siamoises de Tonlé-Sap et d'une troupe de militaires et
marins français à Battambang. Le prince Wadhana s'ac-
quitta consciencieusement de sa mission et devança le

il avait pu différer son voyage pendant deux ans, sous les prétextes
les plus futiles. Il avait été cependant obligé de s'exécuter, et les
frais occasionnés par ce voyage, sous la forme d'innombrables pots-
de-vin qui lui avaient conservé sa situation, l'avaient à peu près
ruiné. Cela explique son animosité à l'égard des Français, dont la
domination qu'il croit prochaine tarira la plupart de ses revenus.

compte rendu télégraphique de notre ministre à Bangkok. Il omit de dire que la canonnière avait transporté M. Klobukowski et les commissaires français et que la force armée n'était qu'une troupe de milice peu nombreuse, servant d'escorte à la commission de délimitation. Il eut donc toute facilité pour accuser de duplicité le gouvernement général de l'Indo-Chine et le représentant de la France au Siam qui, d'après lui, escomptaient les incidents que pouvait causer la présence d'une troupe cambodgienne à Battambang, pour avoir des prétextes d'intervention.

Cette protestation du prince Wadhana eut pour résultat l'envoi à M. Klobukowski de nouvelles instructions du gouvernement français. Dans ces instructions, le ministre des affaires étrangères indiquait la création du consulat de Battambang comme le premier but à atteindre ; il ajoutait qu'il fallait calmer les appréhensions des Siamois par le renvoi de l'escorte cambodgienne, de la canonnière et de la vedette, et insistait sur l'utilité de relations courtoises entre la commission française et les autorités locales, et sur la nécessité absolue de ne pas engager la France dans une extension territoriale.

M. Klobukowski sut assurer l'exécution de ces instructions sans leur donner l'apparence d'une renonciation à nos droits. La fermeté et l'habileté de M. de Coulgeans contribuèrent d'ailleurs beaucoup à présenter la reprise de nos relations avec le pya sakada, l'exode progressif des miliciens et des bateaux comme des « gages de notre bon vouloir » donnés à la suite de concessions siamoises.

Après de nombreuses péripéties, faciles à prévoir en Extrême-Orient et mettant parfois à de rudes épreuves l'amour-propre de nos nationaux, la question du consulat se trouva réglée. Grâce aux instances de M. Doumer, le gouvernement siamois avait aussi accordé la création d'un hôpital indigène, dirigé par un médecin français, et d'une succursale de la Banque de l'Indo-Chine.

Le pya kathatorn, de retour à Battambang, et qui, lors des fêtes de l'anniversaire du couronnement du roi (1) avait fait jurer aux notables de s'opposer par les armes à l'achat des terrains nécessaires, en était pour sa courte honte. M. de Coulgeans, à son tour, semblait ignorer sa présence et traitait toutes les affaires directement avec le pya sakara, qu'il affectait de considérer comme la seule autorité locale, procédé qui laisse la porte toujours ouverte à nos revendications.

Le prince Dewan avait mis la même lenteur à constituer la commission siamoise de délimitation, quoiqu'il eût, le premier, proposé cette solution. Les commissaires n'arrivèrent à Battambang que le 30 novembre : il était trop tard. M. Klobukowski avait, le 21, dissous la commission française, qui n'était plus d'aucune utilité, puisque, *a priori*, il ne pouvait y avoir d'accord entre ses conclusions et celles de la commission siamoise.

Le secrétaire, M. Ténot, demeura auprès de M. de Coulgeans à Battambang, comme chancelier du consulat ; le capitaine Ibos et le mandarin cambodgien reprirent la route de Pnom-Penh et de Saïgon.

Le résultat de ces longues négociations peut se résumer ainsi :

1° Le commissariat du gouvernement français à Battambang est changé en consulat, ce qui peut avoir des avantages, le Siam étant un pays soumis au régime des capitulations ;

2° Il n'y a rien de modifié en réalité dans la question

____

(1) Les fêtes furent superbes : le négociant allemand de Battambang y représentait seul la colonie européenne. Ni le consul de France, ni aucun des Français habitant la ville ne furent invités, et leur exclusion fut vivement commentée.

de frontières, ce qui peut paraître consacrer les anciennes spoliations et nuire à notre prestige au Cambodge ;

3° Le gouvernement siamois a placé des représentants militaires siamois exerçant des fonctions administratives à Battambang et Siem-Reap, ce qui est contraire aux dispositions du traité de 1893 ;

4° Notre influence morale a beaucoup diminué à Battambang, sauf dans la mission catholique, par suite des intrigues allemandes et des concessions successives qu'on représente comme des actes de faiblesse ;

5° Nous sommes exposés à de continuelles violations de territoire au nord du Cambodge, et les provinces de Battambang et de Siem-Reap servent plus que jamais de refuge aux contrebandiers, pillards et voleurs de bestiaux, aux déserteurs et aux criminels cambodgiens, ; c'est un véritable foyer d'intrigues politiques.

III

L'influence française au Siam. — Importance économique des provinces de Battambang et de Siem-Reap. — Conclusions.

La diplomatie, seule, semble devoir être impuissante à modifier cette situation. Dans les pays d'Extrême-Orient, l'influence morale d'une nation européenne et son influence politique sont en raison directe de la crainte qu'elle inspire ou de l'importance de son commerce. Or, à Bangkok, le mouvement commercial français est nul. Notre pavillon n'est représenté que par les vapeurs bihebdomadaires subventionnés des Messageries fluviales de Cochinchine et de la ligne annexe de Singapore, qui voyagent le plus souvent sur lest et ne transportent que les fonds et la correspondance de la légation et des consulats. Les industries, les grandes entreprises, les transactions commerciales appartiennent aux Anglais et aux Allemands, leurs nouveaux et redoutables concurrents. Dans la transformation de son royaume, le roi de Siam s'est entouré de conseillers européens, anglais en majorité, qui organisent l'administration centrale et les grands services ; 1.500 sikhs, venus des Indes anglaises, font la police de Bangkok. Il ne faudrait pas attribuer à ces seuls faits la diminution de notre influence au Siam.

La construction de chemins de fer, la pose de lignes télégraphiques, l'organisation de tramways et d'éclairage électrique, le percement de canaux, la distribution d'eau potable, la fourniture de matériel, etc., sont donnés à l'adjudication ou d'après les propositions de

Compagnies déjà constituées ; pas un particulier, pas une société française ne se sont présentés. Le personnel administratif ou technique européen se recrute en grande partie au concours ; les journaux siamois publient fréquemment les demandes du gouvernement et les conditions d'admission ; jamais un Français ne s'est mis sur les rangs. La protection des catholiques, qui n'ont guère besoin de protection par suite des mœurs du pays, l'inscription sur les listes de protection des consulats d'asiatiques étrangers plus ou moins recommandables, sont, avec le stationnaire de la légation et le voyage bi-hebdomadaire du *Donaï*, les seules preuves, à Bangkok, de l'existence de la France. C'est peu en comparaison des 70 millions du commerce anglais, des 30 millions du commerce allemand, et c'est pourquoi notre influence est nulle au Siam, où le souvenir de notre coup de main de 1893 n'a pas été plus vivace que ne le sera, en Chine, le souvenir de la prise de Pékin.

Il est donc à craindre qu'on soit obligé de recourir à la force pour obtenir la tranquillité sur nos frontières cambodgiennes et le respect des anciens traités. La conquête de toute la « zone d'influence » est discutable ; l'occupation, limitée aux provinces de Battambang et de Siem-Reap, et, par contre-coup, aux anciens districts jusqu'aux Dong-Reck, suffirait sans doute pour produire des résultats politiques et surtout économiques considérables et immédiats.

Tout a été dit sur l'importance historique et sur la richesse de ces régions, dont Battambang est le joyau. Le mouvement commercial est intense, surtout pendant la saison des hautes eaux, de juin à décembre. On peut l'évaluer à 3 millions de francs pour Battambang seulement : il pourrait être considérablement accru par l'amélioration facile du Stung-Sangké entre la ville et le lac et par la construction d'un chemin de fer re-

liant Battambang à Pnom-Penh, permettant la mise en
valeur d'une contrée où les richesses naturelles abon-
dent, où le sol est fertile, le climat agréable, où les
colons annamites se fixeraient volontiers.

Les indigènes, en grande majorité de race cambodgienne, sont d'ailleurs plus actifs que les habitants du
Cambodge. L'étendue des terrains cultivés est immense.
Les rizières s'étendent à perte de vue : la valeur de leurs
produits exportés n'a pas été, en 1901, inférieure à
40.000 tonnes pour les seules villes de Battambang et de
Mongkolbouri.

Le commerce du bois, presque entièrement exercé par
des Annamites, est rémunérateur ; la pêche alimente les
marchés de poisson salé de Cholon et de Pnom-Penh, et
les districts de l'intérieur jusque vers Korat : l'élevage
des bestiaux est prospère, grâce aux transactions par
charrettes, qui se font surtout en saison sèche dans les
directions de Chantaboun et de Pékim ; il fournit aussi
des cargaisons de peaux et de cornes ; plusieurs centai-
nes de piculs de cardamome sont récoltés dans les forêts
des montagnes.

L'exploitation de ces ressources, bien que très im-
parfaite, donne aux habitants une large aisance. Dans
toutes les maisons on trouve des produits européens :
lampes, verrerie, harnachements, étoffes et bimbeloterie,
valises et couvertures, chaussures et habillement, par-
fumerie, liqueurs, armes, comestibles, etc., dont les indigènes font le plus grand usage. J'ai vu, à Battambang,
des chevaux et des équipages qui auraient été remarqués
dans les rues de Saïgon et sur la promenade dite « le
tour d'Inspection » ; des Cambodgiens et des Chinois
y circulent à bicyclette, et l'ancien gouverneur de Siem-
Reap avait même un canot à vapeur acheté à Bangkok
pour ses promenades.

Les habitants de race cambodgienne (1) cultivent le sol ; les Annamites sont bûcherons et pêcheurs ; les Chinois et les Indiens ont entre leurs mains le commerce (2), les opérations de banque et d'usure, et aussi le monopole de la contrebande. Cette contrebande s'exerce sous l'œil bienveillant des autorités locales et cause un préjudice considérable au commerce français en pays cambodgien. En effet, les cotonnades étrangères, par exemple, importées directement au Cambodge paient le plein tarif des droits de douane (une centaine de francs par 100 kilog.) ; si elles sont à destination du Siam, elles pénètrent en transit et ne paient que 20 p. 100 du tarif ; les cotonnades françaises entrent en franchise. Les commerçants de Battambang et de Siem-Reap se font par conséquent adresser des cargaisons de cotonnades étrangères en transit, et, pendant la saison des hautes eaux. profitant des facilités de communication, les écoulent en territoire cambodgien où, par leur faible prix de revient. elles empêchent l'introduction de cotonnades françaises. La répression de la contrebande suffirait à elle seule à justifier notre occupation de Battambang et de Siem-Reap.

La population de ces provinces subit actuellement des exigences fiscales considérables. Le dernier voyage du roi en Europe, les fêtes de la crémation de la reine-

---

(1) Dans la province de Battambang, on peut évaluer ainsi la population : 2.000 Annamites, 3.000 Laotiens, 6.000 Chinois, 5.000 Birmans (presque tous aux mines de rubis de Paï-Lin), 4.000 Siamois, 20.000 Cambodgiens avec affinités siamoises, 65.000 Cambodgiens de race pure. Il est difficile d'estimer la population de la province de Siem-Reap ; elle ne doit pas dépasser 40.000 habitants, dont un millier de Chinois et quelques Annamites. Il n'existe point de renseignement sérieux sur le chiffre des habitants des districts en litige au sud du Dong-Rech (100.000 tout au plus).

(2) A l'exportation, Indiens et Chinois font en général seuls leurs affaires ; pour l'importation, ils sont en grande partie les clients d'une maison française (Dupuy) et d'une maison allemande (Russell), dont ils sont les détaillants.

Vue Intérieure

Citadelle de Battambang
Porte Est

mère et de divers princes ont fortement obéré le trésor royal. Le gouverneur Pya Kathatorn a été, lui aussi, presque ruiné pendant son séjour à Bangkok. Des impôts nouveaux, le recouvrement d'arriérés douteux, des amendes injustes et nombreuses ont fait naître un vif mécontentement. Malgré les affirmations du prince Yukanthor, les sujets du roi Norodom ne sont pas ainsi pressurés. Grâce aux incessantes communications entre Battambang, Siem-Reap et Pnom-Penh, les Cambodgiens du Siam établissent des comparaisons qui ne sont pas toutes à l'avantage de leur souverain actuel. L'esprit de race est resté très vivace chez eux, et, s'ils ne désirent pas la domination française, on peut, du moins, affirmer qu'ils verraient sans déplaisir leur retour dans la famille khmère, à condition toutefois que les premiers résidents et fonctionnaires français à Battambang et Siem-Reap fussent des hommes connaissant parfaitement la langue, les usages et le caractère national.

Nous avons vu que les causes d'intervention ne nous manquent pas : la présence d'un général siamois à Battambang et d'un colonel à Siem-Reap, où ils exercent des fonctions administratives, l'existence dans ces villes de citadelles, peu redoutables il est vrai, mais qui devraient être démolies depuis 1893, les violations de frontière dans la province de Kompong-Thom, l'impunité assurée aux criminels et déserteurs cambodgiens, dont il est impossible d'obtenir l'extradition, les vexations dont nos clients sont victimes à Battambang, la contrebande intense que les Chinois et Indiens des deux provinces font à notre détriment. Même limitée à l'occupation de Battambang, de Siem-Reap et des districts cambodgiens situés entre le Cambodge actuel et les Dong-Reck, Sissophon et le Mékong, notre extension serait, pour le Siam, un avertissement salutaire.

Nous obtiendrons ainsi l'unification et la reconstitution sous notre protectorat de la race cambodgienne, une influence plus complète à Pnom-Penh, la domination sur les régions riveraines du Tonlé-Sap, riches et peuplées, et où pourrait s'exercer fructueusement l'activité de nos colons, de nos commerçants et de nos industriels ; ajoutons, en terminant, que la possession du Sissophon, position stratégique remarquable, donnerait la stabilité à notre installation et que les dépenses très faibles de cette occupation seraient immédiatement compensées et au delà, aussi bien que les frais d'administration, par les ressources des provinces restituées au Cambodge.

Paris et Limoges. — Imp. milit. Henri CHARLES-LAVAUZELLE.